Impressum
Verlag: BABADADA GmbH, Nedderfeld 112 , 22529 Hamburg
Geschäftsführer / Verlagsleitung: Harald Hof
Druck: Books on Demand GmbH, In de Tarpen 42, 22848 Norderstedt

Imprint
Publisher: BABADADA GmbH, Nedderfeld 112 , 22529 Hamburg, Germany
Managing Director / Publishing direction: Harald Hof
Print: Books on Demand GmbH, In de Tarpen 42, 22848 Norderstedt, Germany

escola
escuela

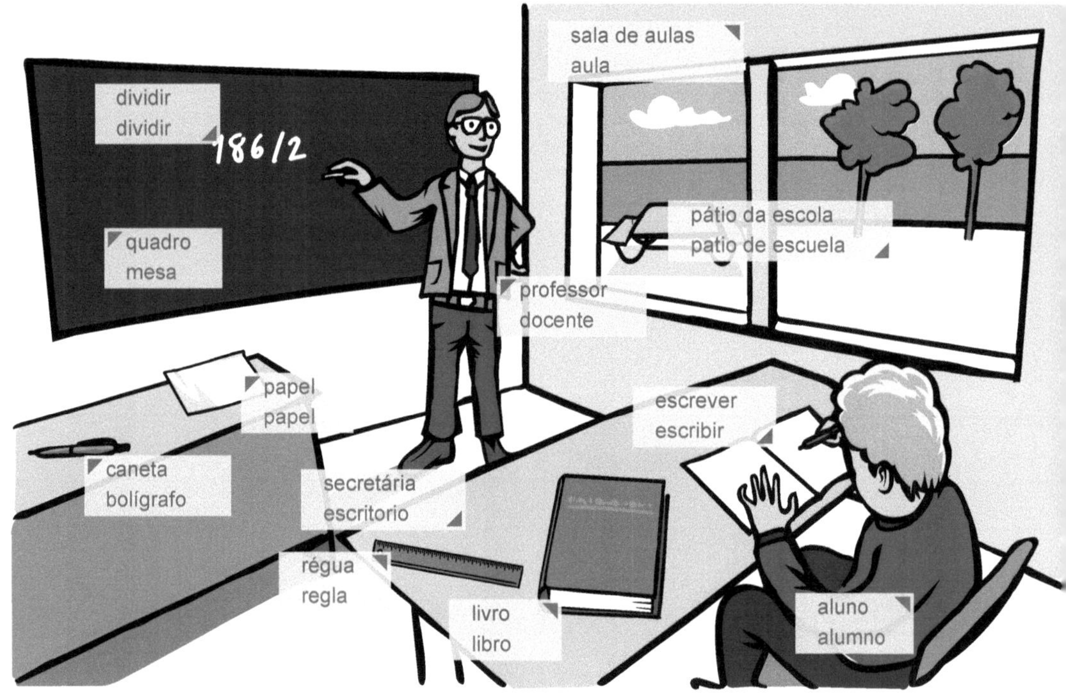
sala de aulas
aula
dividir
dividir
186/2
quadro
mesa
pátio da escola
patio de escuela
professor
docente
papel
papel
escrever
escribir
caneta
bolígrafo
secretária
escritorio
régua
regla
livro
libro
aluno
alumno

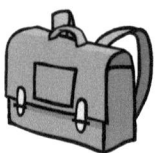

mochila

mochila escolar

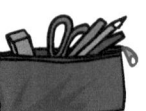

estojo de lápis

caja de lápices

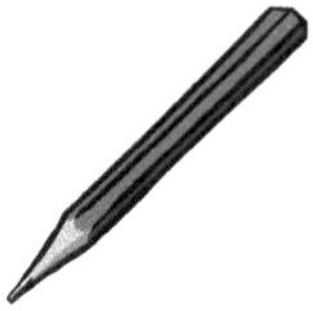

lápis

lápiz

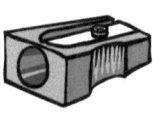

afia-lápis

sacapuntas

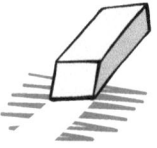

borracha

goma de borrar

bloco de desenho

bloc de dibujo

desenho
dibujo

pincel
pincel

caixa de tintas
caja de pinturas

tesoura
tijera

cola
pegamento

livro de exercícios
libro de ejercicios

trabalhos de casa
tarea

número
número

somar
sumar

subtrair
restar

multiplicar
multiplicar

calcular
calcular

letra
letra

alfabeto
alfabeto

palavra
palabra

texto
....
texto

ler
....
leer

giz
....
tiza

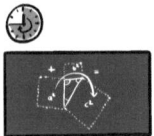

hora
....
lección

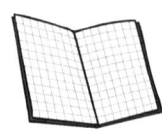

registo de presenças
....
libro de clase

exame
....
examen

certificado
....
certificado

uniforme escolar
....
uniforme escolar

educação
....
educación

enciclopédia
....
enciclopedia

universidade
....
universidad

microscópio
....
microscopio

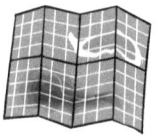

mapa
....
mapa

cesto de lixo
....
cesto de papeles

viagem
viaje

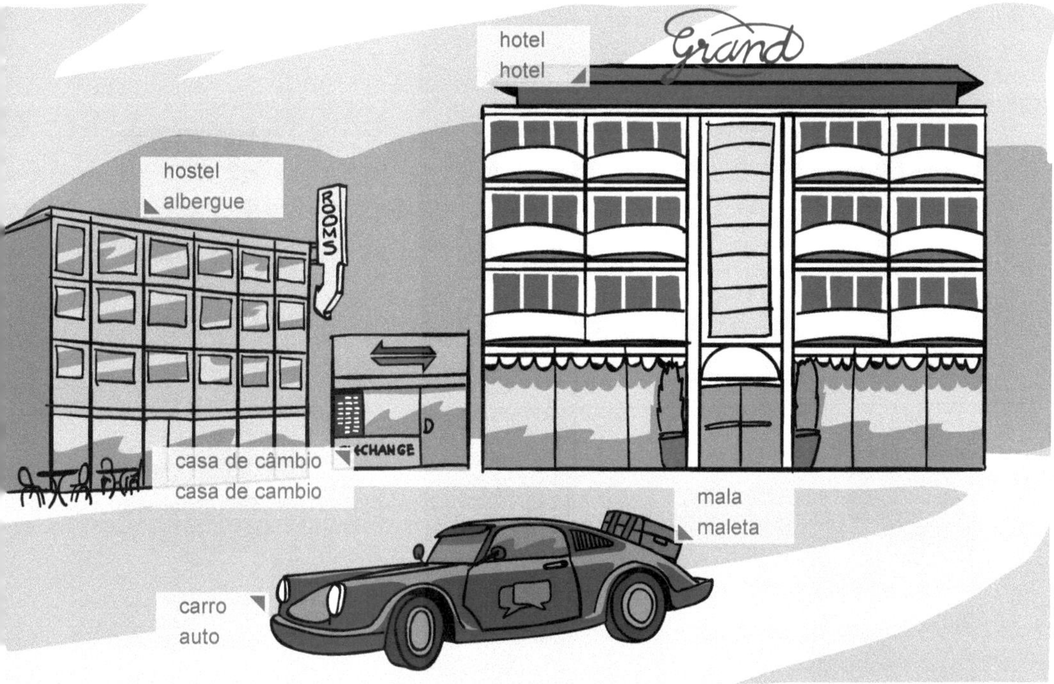
hotel
hotel
Grand
hostel
albergue
ROOMS
casa de câmbio
casa de cambio
EXCHANGE
mala
maleta
carro
auto

idioma

idioma

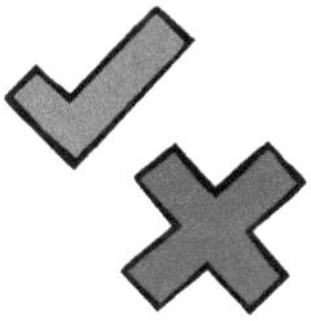

sim / não

sí / no

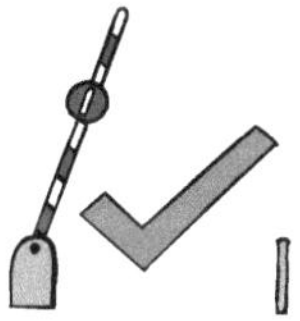

ok / certo / correto

ok

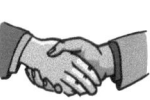

olá

hola

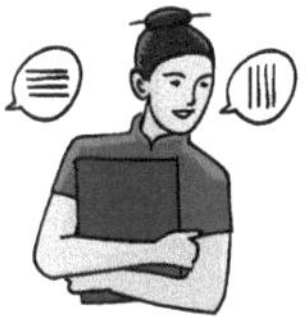

intérprete

intérprete

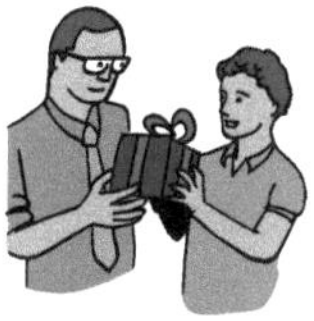

obrigado

gracias

quanto é que custa... ?

¿Cuánto cuesta…?

não entendo

No entiendo

problema

problema

boa noite!

¡Buenas tardes!

Bom dia!

¡Buenos días!

Boa noite!

¡Buenas noches!

adeus

adiós

direção

dirección

bagagem

equipaje

saco

bolso

mochila

mochila

convidado

invitado

quarto

cuarto

saco-cama

saco de dormir

tenda

tienda de campaña

informação turística

información al turista

praia

playa

cartão de crédito

tarjeta de crédito

pequeno-almoço

desayuno

almoço

almuerzo

jantar

cena

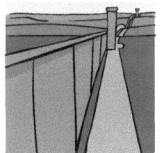

bilhete

pasaje

elevador

ascensor

selo postal

sello

fronteira

límite

alfândega

aduana

embaixada

embajada

visto

visa

passaporte

pasaporte

transporte

transporte

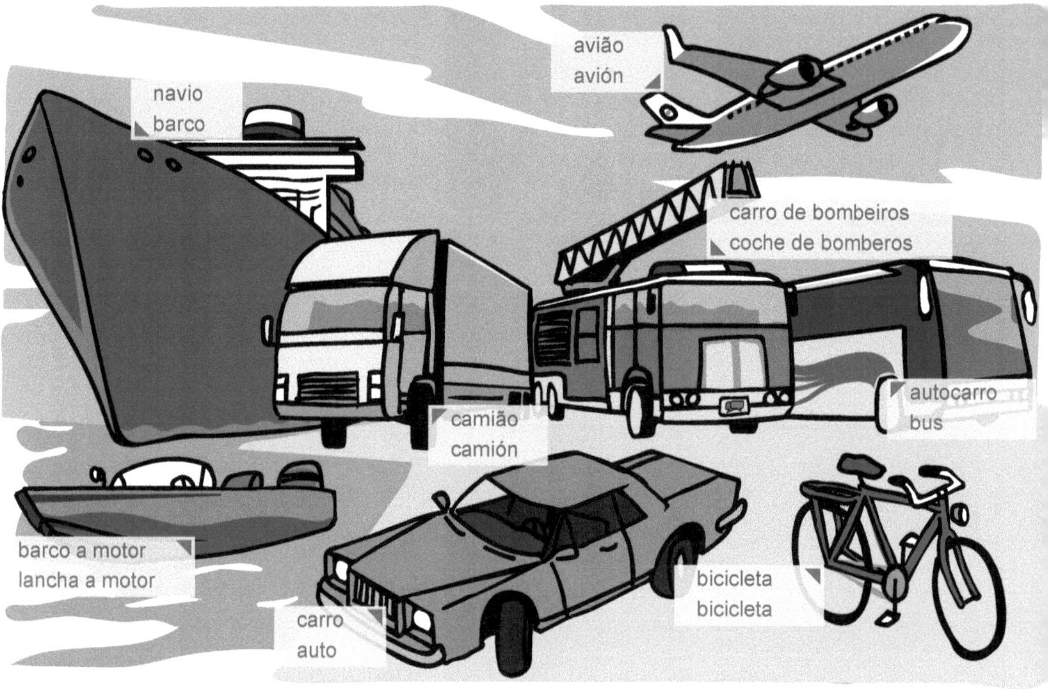

avião
avión
navio
barco
carro de bombeiros
coche de bomberos
autocarro
bus
camião
camión
barco a motor
lancha a motor
bicicleta
bicicleta
carro
auto

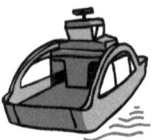

cacilheiro

balsa

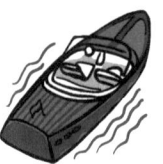

barco

lancha

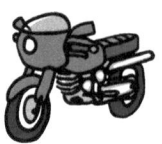

mota

motocicleta

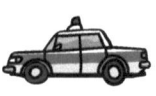

carro de polícia

auto de policía

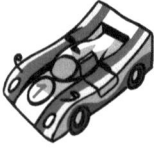

carro de corrida

auto de carreras

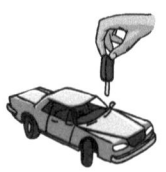

carro alugado

auto de alquiler

carsharing

alquiler de autos

camião de reboque

grúa

camião do lixo

vehículo recolector de basura

motor

motor

combustível

gasolina

estação de serviço

gasolinera

sinal de trânsito

señal de tráfico

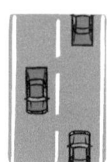

trânsito

tránsito

congestionamento de trânsito

atasco

parque de estacionamento

estacionamiento

estação ferroviária

estación de tren

carris

carril

comboio

tren

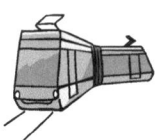

elétrico

tranvía

carruagem

vagón

helicóptero
helicóptero

aeroporto
aeropuerto

torre
torre

passageiro
pasajero

contentor
contenedor

caixa de papelão
caja de cartón

carrinho
carro

cesto
cesta

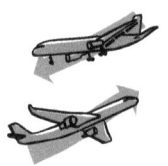

levantar voo / aterrar
despegar / aterrizar

cidade
ciudad

aldeia
aldea

centro da cidade
centro de la ciudad

casa
casa

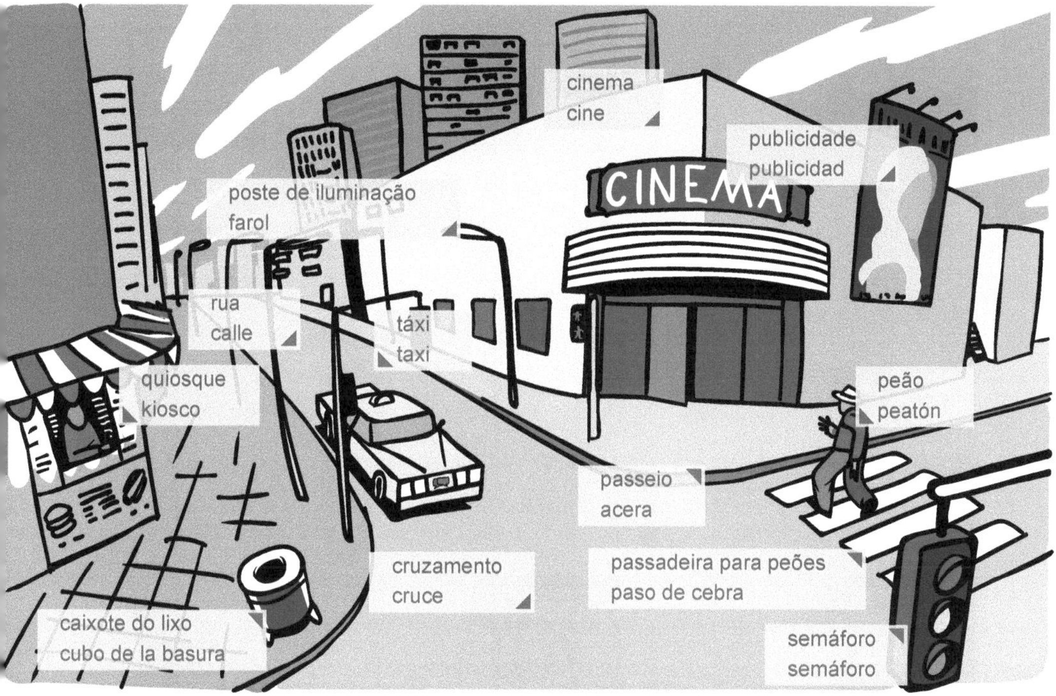

cinema
cine

publicidade
publicidad

poste de iluminação
farol

CINEMA

rua
calle

táxi
taxi

peão
peatón

quiosque
kiosco

passeio
acera

passadeira para peões
paso de cebra

cruzamento
cruce

caixote do lixo
cubo de la basura

semáforo
semáforo

cabana
cabaña

apartamento
apartamento

estação ferroviária
estación de tren

câmara municipal
ayuntamiento

museu
museo

escola
escuela

universidade

universidad

banco

banco

hospital

hospital

hotel

hotel

farmácia

farmacia

escritório

oficina

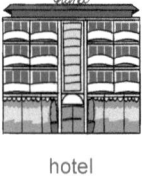

livraria

librería

loja

negocio

florista

florería

supermercado

supermercado

mercado

mercado

loja de departamentos

grandes almacenes

peixaria

pescadería

centro comercial

centro comercial

porto

puerto

parque
parque

banco
banco

ponte
puente

escadas
escalera

metro
metro

túnel
túnel

paragem de autocarro
parada de autobuses

bar
bar

restaurante
restaurante

caixa de correio
buzón de correo

sinal de trânsito
letrero

parquímetro
parquímetro

jardim zoológico
zoológico

piscina
piscina

mesquita
mezquita

quinta
granja

poluição
polución

cemitério
cementerio

igreja
iglesia

parque infantil
parque infantil

templo
templo

paisagem
paisaje

folha
hoja

placa de sinalização
indicador de camino

caminho
sendero

prado
pradera

pedra
piedra

árvore
árbol

caminhantes
caminante

rio
río

relva
pasto

flor
flor

vale
valle

montanha
montaña

lago
lago

floresta
bosque

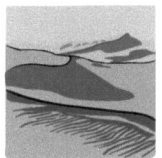

deserto
desierto

vulcão
volcán

castelo
castillo

arco-íris
arco iris

cogumelo
seta

palma
palmera

mosquito
mosquito

mosca
mosca

formiga
hormiga

abelha
abeja

aranha
araña

besouro
escarabajo

sapo
rana

esquilo
ardilla

ouriço
erizo

lebre
liebre

coruja
lechuza

pássaro
pájaro

cisne
cisne

javali
jabalí

veado
ciervo

alce
alce

barragem
embalse

turbina eólica
aerogenerador

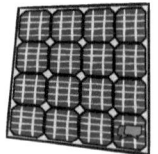

painel solar
módulo solar

clima
clima

restaurante
restaurante

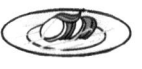

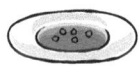

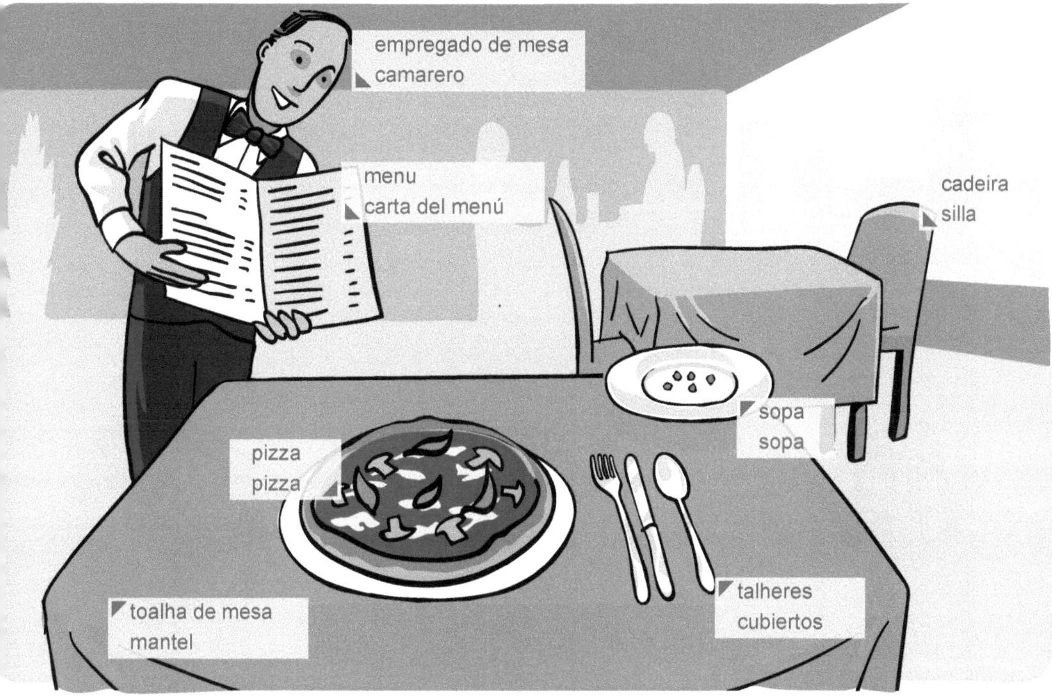
empregado de mesa
camarero
menu
carta del menú
cadeira
silla
sopa
sopa
pizza
pizza
toalha de mesa
mantel
talheres
cubiertos

entrada
entrada

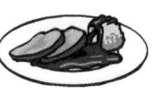

prato principal
plato principal

sobremesa
postre

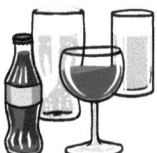

bebidas
bebida

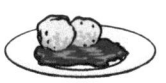

comida
comida

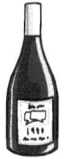

garrafa
botella

fast food
comida rápida

comida de rua
comida callejera

bule de chá
tetera

açucareiro
azucarera

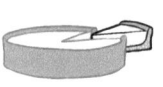

porção
porción

máquina de café expresso
máquina de espresso

cadeira alta
silla alta

conta
factura

bandeja
bandeja

faca
cuchillo

garfo
tenedor

colher
cuchara

colher de chá
cuchara de té

guardanapo
servilleta

copo
vaso

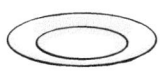

prato
plato

prato de sopa
plato de sopa

pires
platillo

molho
salsa

saleiro
salero

moinho de pimenta
molinillo para pimienta

vinagre
vinagre

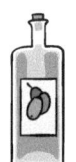

óleo
aceite

especiarias
especias

ketchup
ketchup

mostarda
mostaza

maionese
mayonesa

supermercado
supermercado

oferta especial
oferta
FOR
cliente
cliente
laticínios
productos lácteos
fruta
fruta
carrinho de compras
carrito de compras

BUTCHERS

talho
carnicería

BAKERY

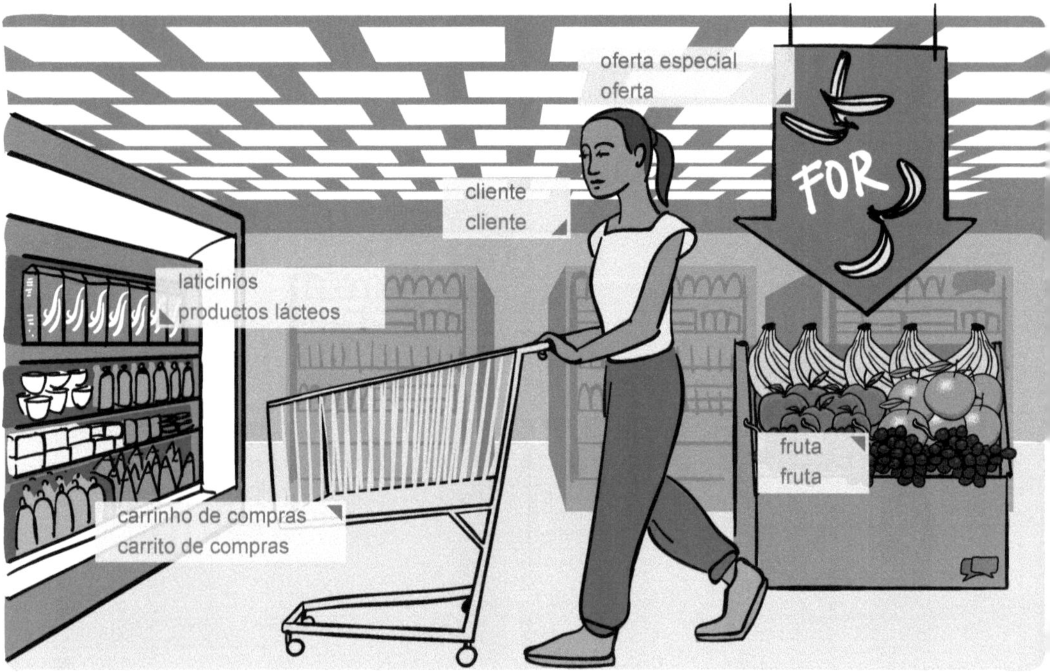

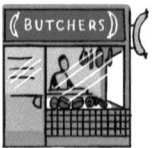

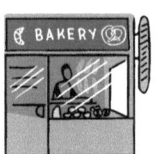

padaria
panadería

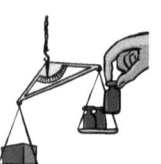

pesar
pesar

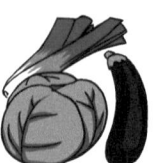

vegetais
verdura

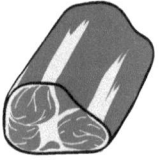

carne
carne

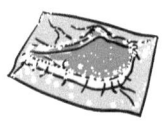

alimentos congelados
alimentos congelados

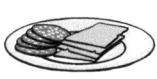

charcutaria

fiambre

comida enlatada

conservas

detergente em pó

detergente en polvo

doces

dulces

artigos domésticos

artículos domésticos

produtos de limpeza

productos de limpieza

vendedora

vendedora

caixa

caja

caixa

cajero

lista de compras

lista de compras

horário de funcionamento

horario de atención

carteira

cartera

cartão de crédito

tarjeta de crédito

saco

maleta

saco de plástico

bolsa plástica

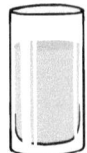

água
agua

sumo
jugo

leite
leche

coca-cola
refresco de cola

vinho
vino

cerveja
cerveza

álcool
alcohol

cacau
cacao

chá
té

café
café

café expresso
espresso

capuccino
cappuccino

banana
banana

maçã
manzana

laranja
naranja

melão
sandía

limão
limón

cenoura
zanahoria

alho
ajo

bambu
bambú

cebola
cebolla

cogumelo
seta

nozes
nueces

talharim
fideos

esparguete

espagueti

arroz

arroz

salada

ensalada

batatas fritas

patatas fritas

batatas fritas

patatas salteadas

pizza

pizza

hambúrguer

hamburguesa

sanduíche

sándwich

bife panado

escalope

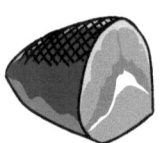

fiambre

jamón

salame

salame

salsicha

embutido

galinha

pollo

assado

asado

peixe

pescado

flocos de aveia
copos de avena

muesli
musli

flocos de milho
copos de maíz tostado

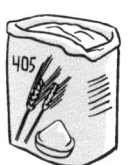

farinha
harina

croissant
croissant

carcaça (pãozinho)
panecillo

pão
pan

torrada
tostada

biscoitos
galletas

manteiga
mantequilla

requeijão
cuajada

bolo
pastel

ovo
huevo

ovo estrelado
huevo frito

queijo
queso

gelado

helado

açúcar

azúcar

mel

miel

compota

mermelada

creme de nougat

praliné

caril

curry

quinta
granja

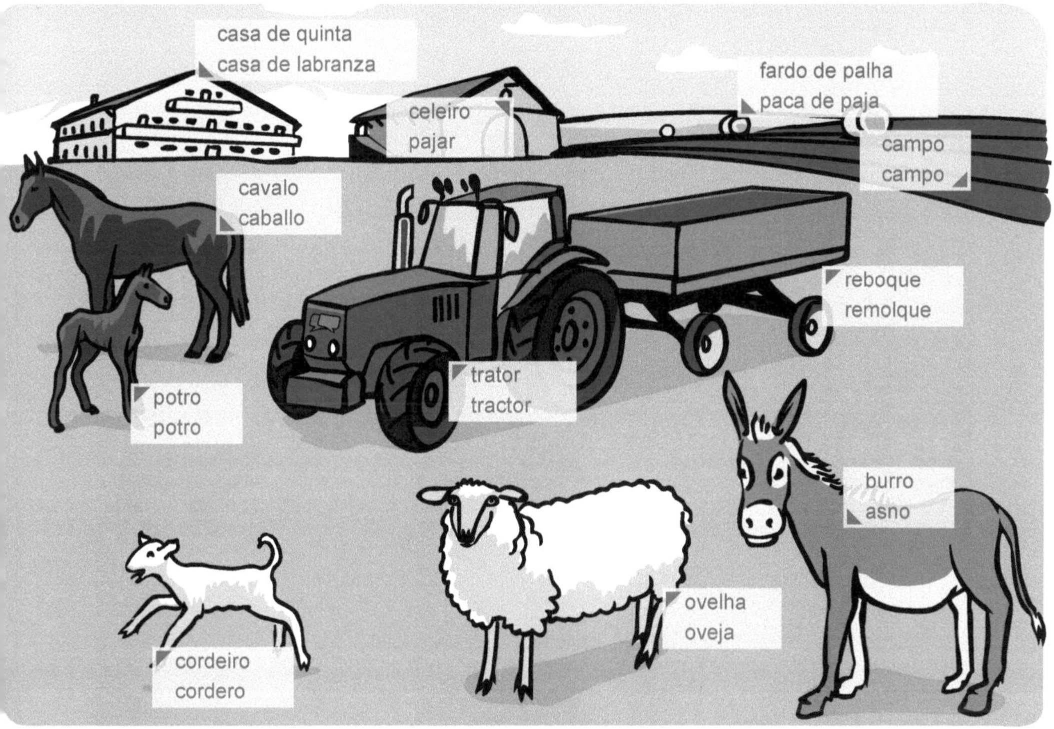
casa de quinta
casa de labranza
celeiro
pajar
fardo de palha
paca de paja
campo
campo
cavalo
caballo
reboque
remolque
trator
tractor
potro
potro
burro
asno
ovelha
oveja
cordeiro
cordero

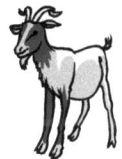

cabra
cabra

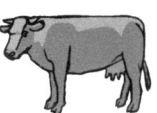

vaca
vaca

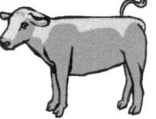

bezerro
ternero

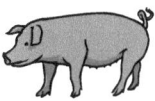

porco
cerdo

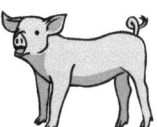

leitão
lechón

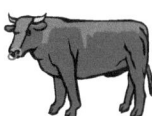

touro
toro

ganso
ganso

pato
pato

pintaínho
polluelo

galinha
pollo

galo
gallo

ratazana
rata

gato
gato

rato
ratón

boi
buey

cão
perro

casota
caseta del perro

mangueira de jardim
manguera de riego

regador
regadera

foice
guadaña

arado
arado

foice
hoz

enxada
azada

forquilha
bieldo

machado
hacha

carrinho de mão
carretilla

manjedoura
abrevadero

jarro de leite
lechera

saco
saco

cerca
cerca

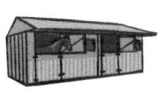

estábulo
establo

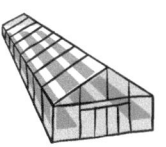

estufa
invernadero

solo
suelo

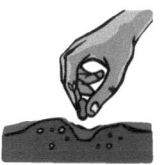

semente
semilla

fertilizante
fertilizante

ceifeira-debulhadora
cosechadora

colher
....
cosechar

colheita
....
cosecha

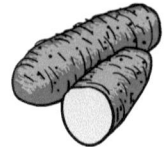

inhame
....
raíz de ñame

trigo
....
trigo

soja
....
soja

batata
....
patata

milho
....
maíz

colza
....
colza

árvore de fruto
....
Árbol frutal

mandioca
....
mandioca

cereais
....
cereales

casa
casa

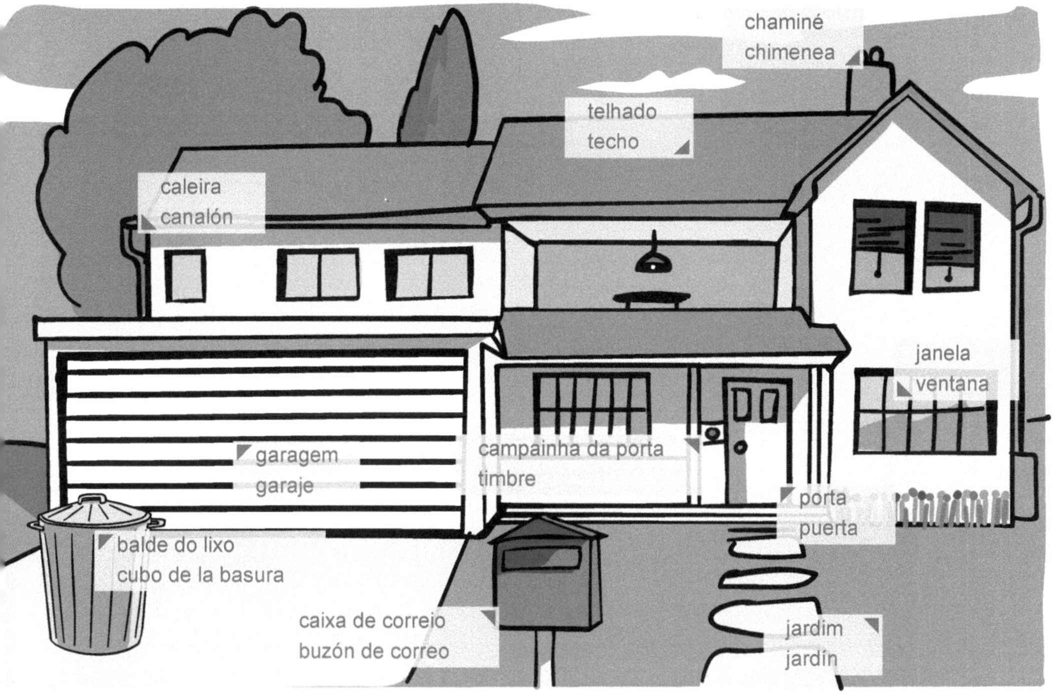
chaminé
chimenea
telhado
techo
caleira
canalón
janela
ventana
garagem
garaje
campainha da porta
timbre
porta
puerta
balde do lixo
cubo de la basura
caixa de correio
buzón de correo
jardim
jardín

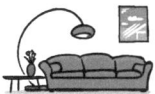

sala de estar
cuarto de estar

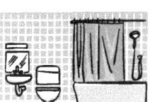

casa de banho
cuarto de baño

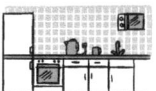

cozinha
cocina

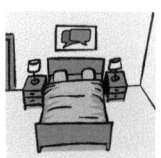

quarto de dormir
dormitorio

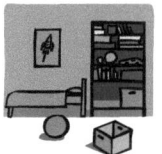

quarto de criança
cuarto de los niños

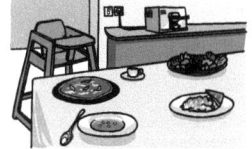

sala de jantar
comedor

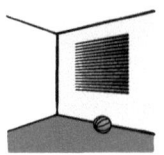

chão
piso

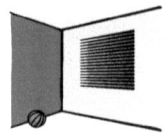

parede
pared

teto
cielorraso

cave
sótano

sauna
sauna

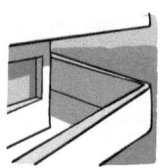

varanda
balcón

terraço
terraza

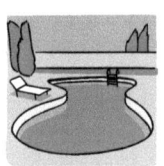

piscina
piscina

máquina de cortar relvado
cortacésped

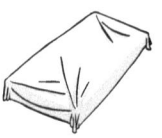

lençol
funda nórdica

cobertor
edredón

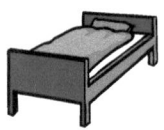

cama
cama

vassoura
escoba

balde
cubo

interruptor
interruptor

sala de estar
cuarto de estar

papel de parede
papel para empapelar
imagem
imagen
lâmpada
lámpara
prateleira
estante
armário
gabinete
televisão
televisor
lareira
hogar
flor
flor
almofada
cojín
sofá
sofá
vaso
florero
controlo remoto
control remoto

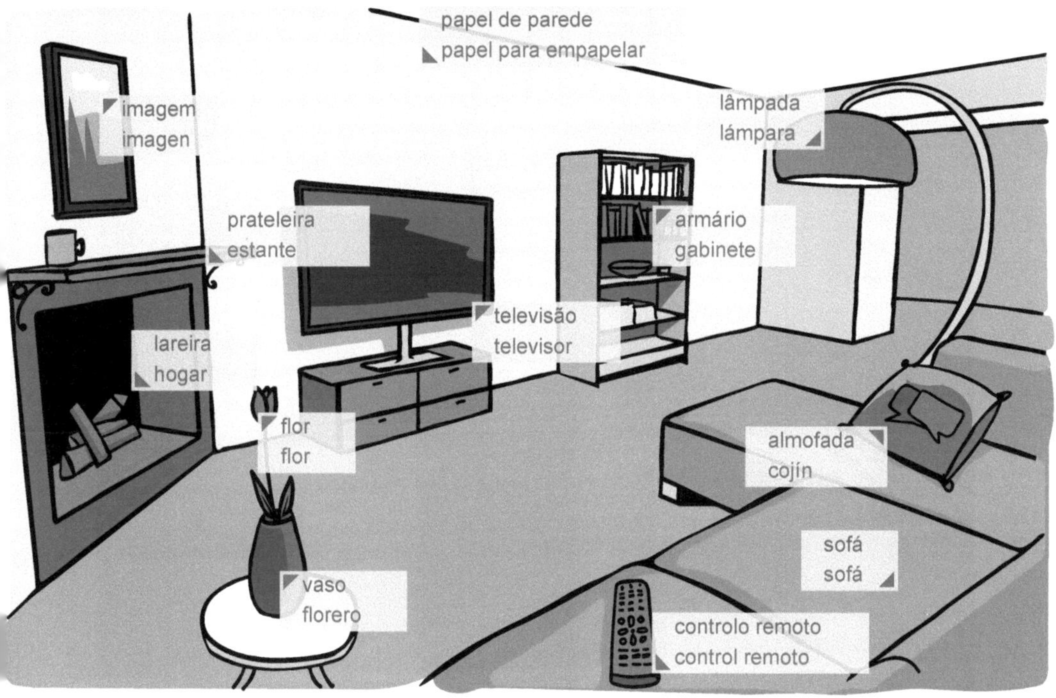

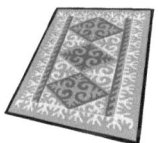

tapete

alfombra

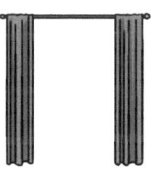

cortina

cortina

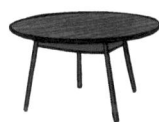

mesa

mesa

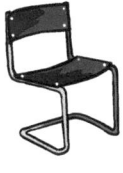

cadeira

silla

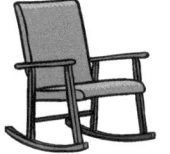

cadeira de baloiço

mecedora

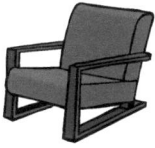

poltrona

sillón

livro
libro

cobertor
frazada

decoração
decoración

lenha
leña

filme
film

sistema estéreo
equipo estereofónico

chave
llave

jornal
periódico

pintura
cuadro

póster
póster

rádio
radio

bloco de notas
bloc de notas

aspirador
aspiradora

cato
cactus

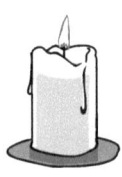

vela
vela

cozinha
cocina

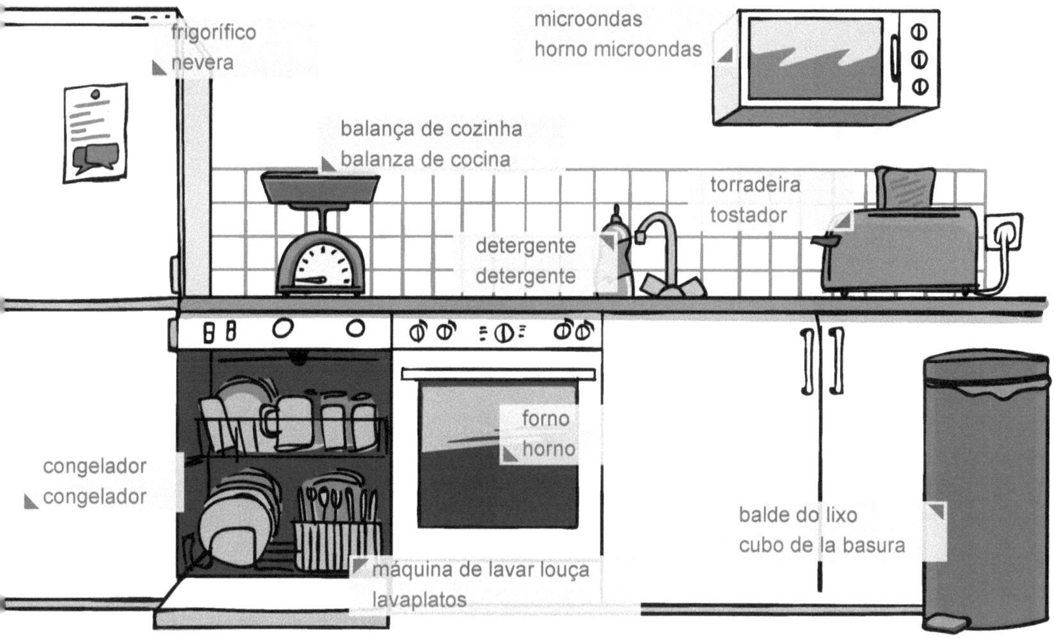
frigorífico
nevera
microondas
horno microondas
balança de cozinha
balanza de cocina
torradeira
tostador
detergente
detergente
forno
horno
congelador
congelador
balde do lixo
cubo de la basura
máquina de lavar louça
lavaplatos

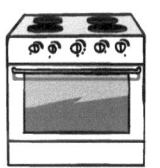

fogão

cocina

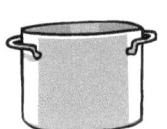

panela

olla

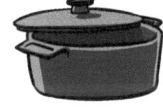

panela de ferro

olla de fundición de hierro

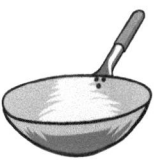

wok / kadai

wok / kadai

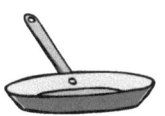

frigideira

sartén

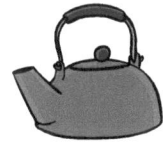

chaleira

hervidor de agua

panela a vapor

olla de vapor

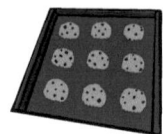

tabuleiro de forno

bandeja de horno

louça

vajilla

caneca

vaso

tigela

bol

pauzinhos

palillos para comer

concha de sopa

cucharón de sopa

espátula

espátula

batedor de claras

batidor

escorredor

colador

peneira

cedazo

ralador

rallador

almofariz

mortero

churrasqueira

parrillada

lareira

fogata

tábua de cortar
tabla de picar

rolo da massa
rodillo

saca-rolhas
sacacorchos

lata
lata

abridor de latas
abrelatas

luvas de forno
agarrador

lava-loiça
fregadero

escova
cepillo

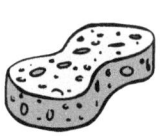

esponja
esponja

liquidificador
batidora

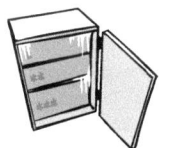

arca frigorífica
arcón congelador

biberão
biberón

torneira
grifo

casa de banho
cuarto de baño

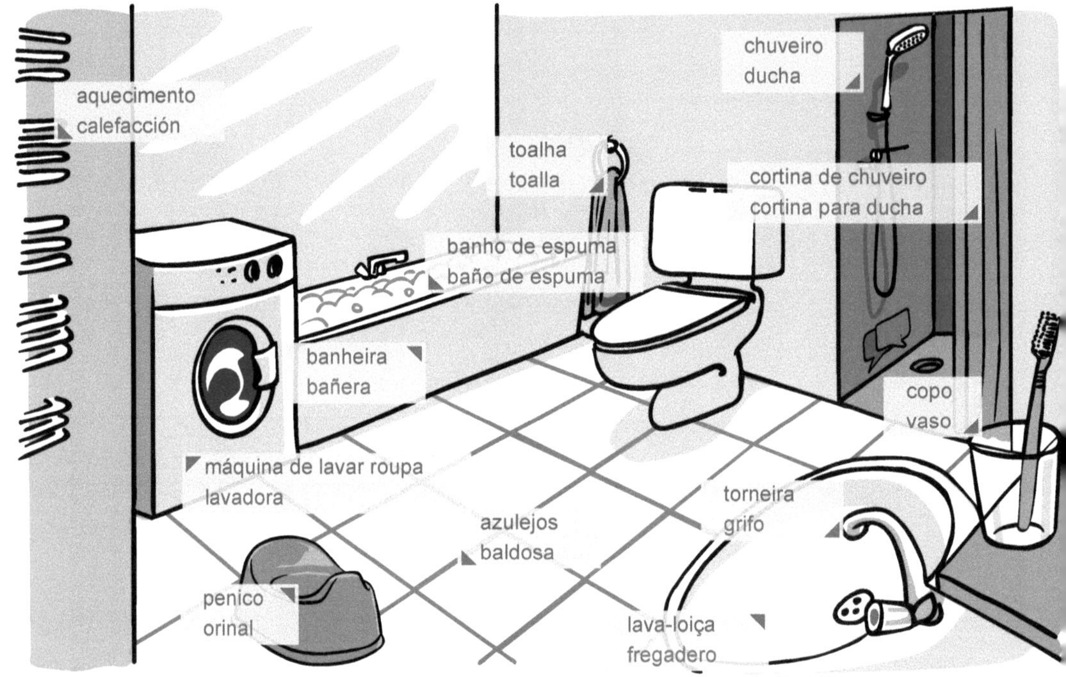

aquecimento
calefacción
chuveiro
ducha
toalha
toalla
cortina de chuveiro
cortina para ducha
banho de espuma
baño de espuma
banheira
bañera
copo
vaso
máquina de lavar roupa
lavadora
torneira
grifo
azulejos
baldosa
penico
orinal
lava-loiça
fregadero

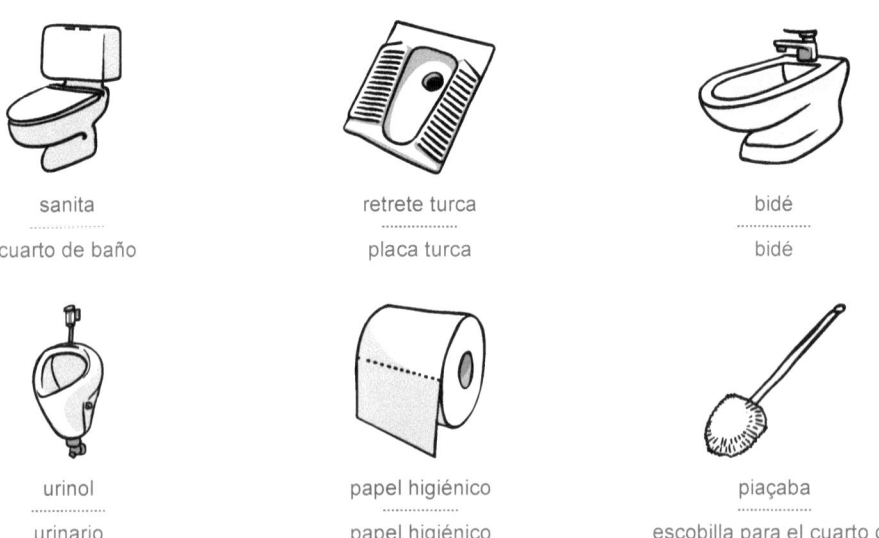

sanita

cuarto de baño

retrete turca

placa turca

bidé

bidé

urinol

urinario

papel higiénico

papel higiénico

piaçaba

escobilla para el cuarto de baño

escova de dentes

cepillo de dientes

pasta de dentes

pasta dentífrica

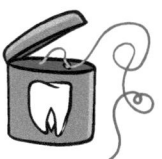

fio dentário

seda dental

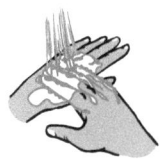

lavar

lavar

chuveiro de mão

ducha teléfono

duche íntimo

ducha higiénica

bacia

cuenco

escova para as costas

cepillo para la espalda

sabonete

jabón

gel de banho

gel de ducha

champô

champú

toalha de rosto

manopla para baño

escoamento

desagüe

creme

crema

desodorizante

desodorante

espelho

espejo

espelho de mão

espejo de maquillaje

máquina de barbear

máquina de afeitar

creme de barbear

espuma de afeitar

loção pós-barba

loción para después del afeitado

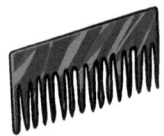

pente

peine

escova

cepillo

secador de cabelo

secador para cabello

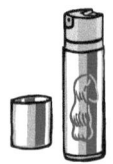

spray de cabelo

laca de peinado

maquilhagem

maquillaje

batom

lápiz labial

verniz de unhas

laca para uñas

algodão

algodón

tesoura para unhas

tijera para uñas

perfume

perfume

nécessaire

neceser

tamborete

taburete

balança

balanza

roupão de banho

bata de baño

luvas de borracha

guantes de goma

tampão

tampón

penso higiénico

compresa

WC químico

wáter químico

quarto de criança
cuarto de los niños

despertador
despertador
peluche
animal de peluche
carro de brincar
auto de juguete
chocalho
sonajero
casa de bonecas
casa de muñecas
presente
obsequio

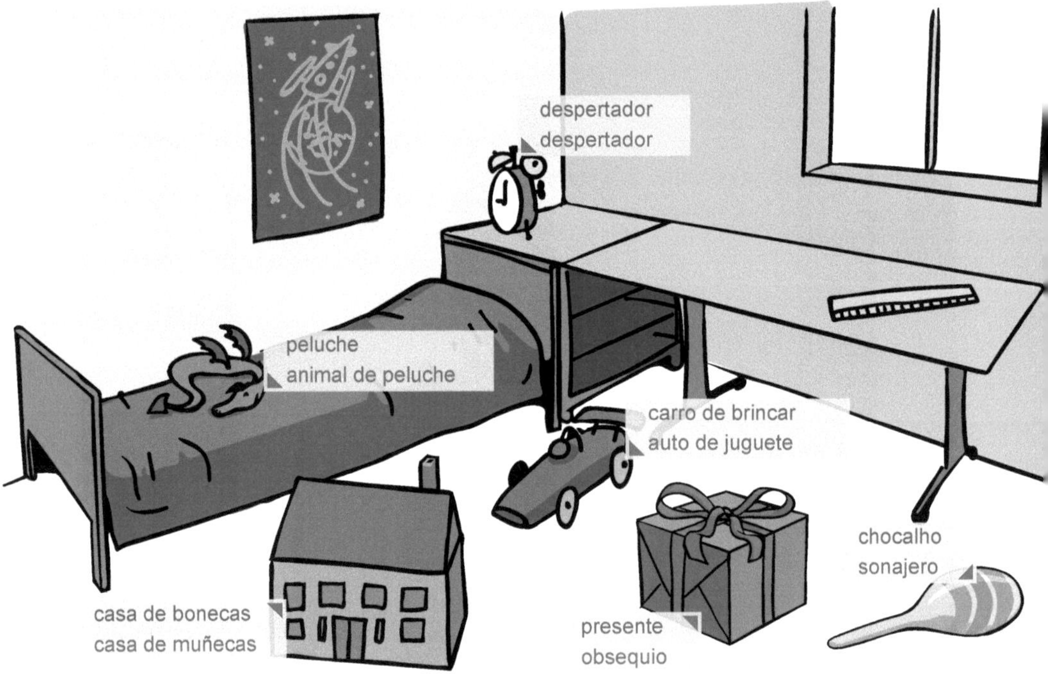

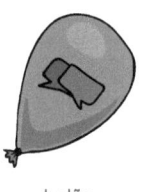

balão

globo

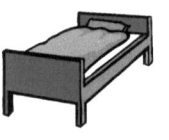

cama

cama

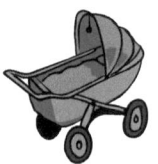

carrinho de bebé

cochecito para niños

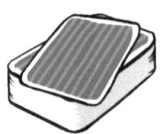

jogo de cartas

juego de barajas

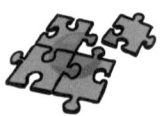

quebra-cabeças

rompecabezas

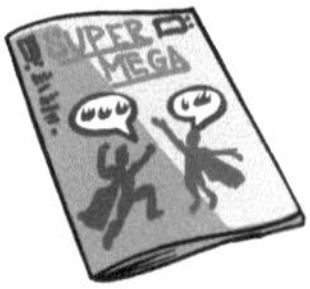

banda desenhada

cómic

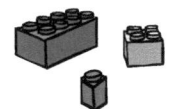

peças de Lego

piezas de Lego

blocos de construção

bloques para jugar

figura de ação

figura de acción

fato de bebé

pijama de una pieza

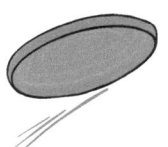

Frisbee

frisbee

móbile para bebé

móvil

jogo de tabuleiro

juego de mesa

dados

dado

pista de comboio elétrico

tren eléctrico a escala

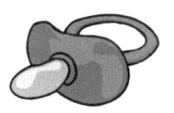

chupeta

chupete

festa

fiesta

livro ilustrado

libro de dibujos

bola

pelota

boneca

títere

jogar

jugar

caixa de areia

arenero

baloiço

columpio

brinquedos

juguetes

consola de jogos

consola de videojuego

triciclo

triciclo

ursinho de peluche

osito de peluche

guarda-roupa

guardarropa

vestuário
vestimenta

meias

calcetines

meias pelo joelho

medias

meias-calças

panti

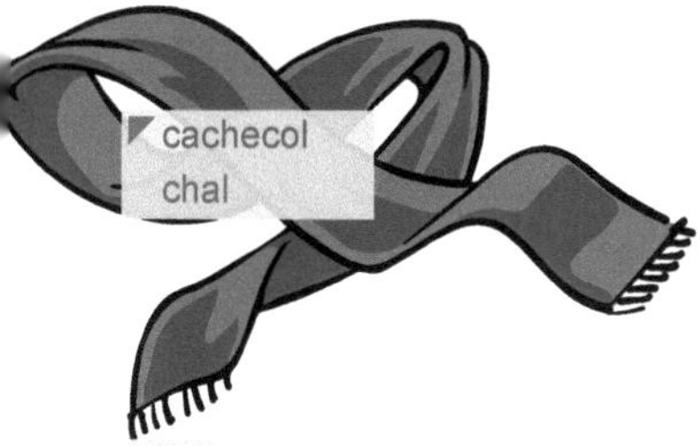

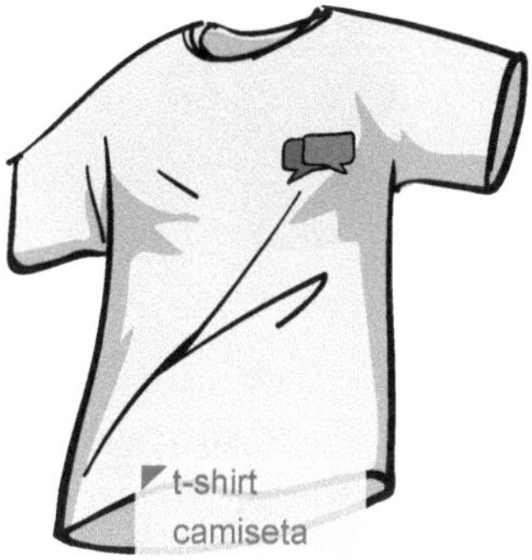

cachecol
chal

cinto
cinturón

guarda-chuva
paraguas

t-shirt
camiseta

sapatilhas
deportivas

botas
botas

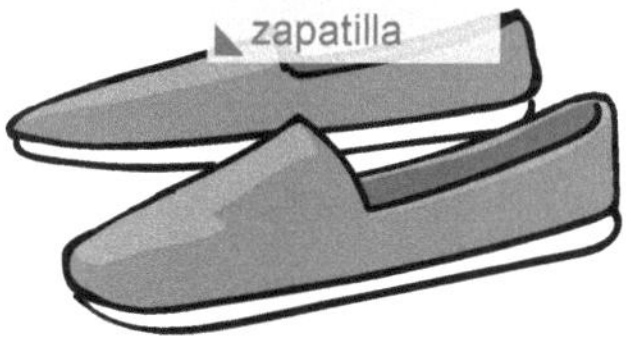

chinelos
zapatilla

sandálias
....
sandalias

sapatos
....
zapatos

botas de borracha
....
botas de goma

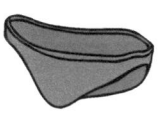

cuecas
....
ropa interior

sutiã
....
corpiño

camisola interior
....
camiseta

body
body

calças
pantalón

calças de ganga
jeans

saia
falda

blusa
blusa

camisa
camisa

pulôver
pullover

camisola com capuz
sweater

blazer
blazer

casaco
chaqueta

manto
abrigo

gabardina
impermeable

traje
traje chaqueta

vestido
vestido

vestido de casamento
vestido de bodas

fato
traje

camisa de dormir
camisón

pijama
pijama

sari
sari

lenço de cabeça
pañuelo de cabeza

turbante
turbante

burca
burka

cafetã
caftán

abaya
abaya

fato de banho
traje de baño

calções de banho
bañador

calções
shorts

fato de treino
chándal

avental
delantal

luvas
guante

botão
botón

óculos
gafa

pulseira
brazalete

colar
cadena

anel
anillo

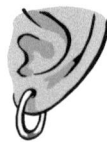

brinco
aro

boné
gorra

cabide
percha

chapéu
sombrero

gravata
corbata

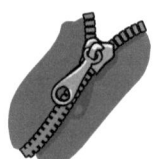

fecho de correr
cierre a cremallera

capacete
casco

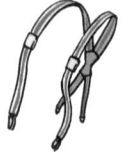

suspensórios
tiradores

uniforme escolar
uniforme escolar

uniforme
uniforme

babete
babero

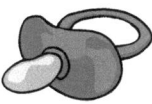

chupeta
chupete

fralda
pañal

escritório
oficina

servidor
servidor

armário de arquivo
archivador

impressora
impresora

ecrã
monitor

papel
papel

secretária
escritorio

rato
ratón

pasta
carpeta

teclado
teclado

cesto de lixo
cesto de papeles

cadeira
silla

computador
ordenador

caneca de café
taza de café

calculadora
calculadora

internet
internet

computador portátil
....
laptop

carta
....
carta

mensagem
....
mensaje

telemóvel
....
teléfono móvil

rede
....
red

fotocopiadora
....
fotocopiadora

software
....
software

telefone
....
teléfono

tomada elétrica
....
tomacorriente

fax
....
máquina de fax

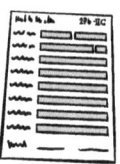

formulário
....
formulario

documento
....
documento

comprar

comprar

pagar

pagar

negociar

comerciar

dinheiro

dinero

dólar

dólar

euro

euro

yen

yen

rublo

rublo

franco suíço

franco

renminbi yuan

renminbi

rupia

rupia

caixa de multibanco

cajero automático

casa de câmbio

casa de cambio

ouro

oro

prata

plata

petróleo

petróleo

energia

energía

preço

precio

contrato

contrato

imposto

impuesto

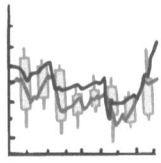

ação

acción

trabalhar

trabajar

empregado

empleado

entidade patronal

empleador

fábrica

fábrica

loja

negocio

profissões
ocupaciones

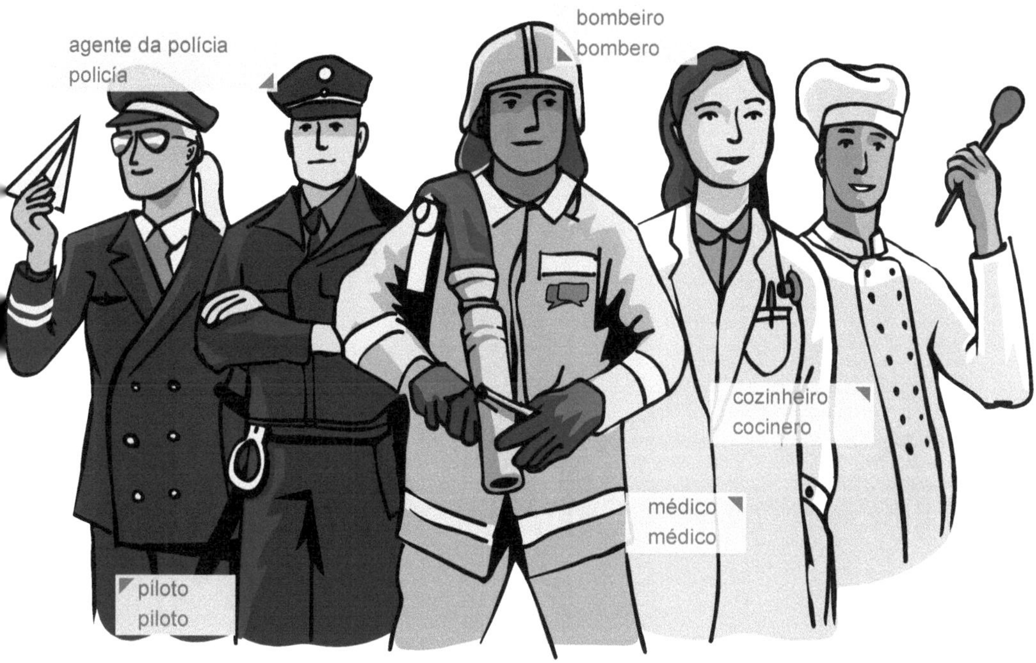
agente da polícia
policía
bombeiro
bombero
cozinheiro
cocinero
médico
médico
piloto
piloto

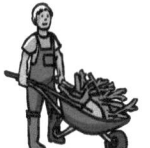

jardineiro

jardinero

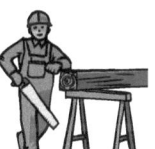

carpinteiro

carpintero

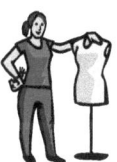

costureira

costurera

juiz

juez

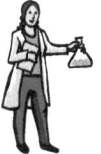

químico

químico

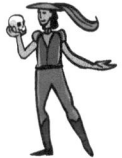

ator

actor

motorista de autocarro

conductor de autobús

motorista de táxi

taxista

pescador

pescador

empregada de limpeza

mujer de la limpieza

telhador

techista

empregado de mesa

camarero

caçador

cazador

pintor

pintor

padeiro

panadero

eletricista

electricista

construtor

albañil

engenheiro

ingeniero

talhante

carnicero

canalizador

fontanero

carteiro

cartero

soldado
soldado

arquiteto
arquitecto

caixa
cajero

florista
florista

cabeleireiro
peluquero

controlador de bilhetes
cobrador

mecânico
mecánico

capitão
capitán

dentista
odontólogo

cientista
científico

rabino
rabino

imã
imam

monge
monje

pastor
párroco

profissões - ocupaciones

ferramentas

herramientas

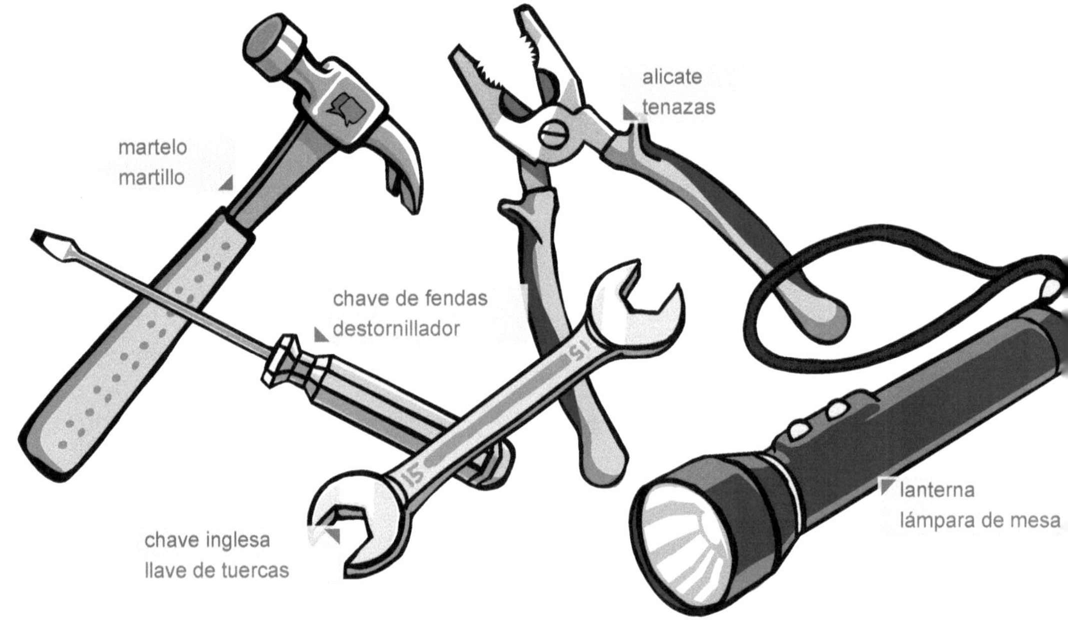

alicate
tenazas
martelo
martillo
chave de fendas
destornillador
lanterna
lámpara de mesa
chave inglesa
llave de tuercas

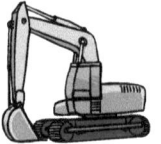

escavadora

excavadora

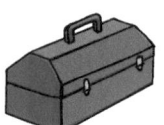

caixa de ferramentas

caja de herramientas

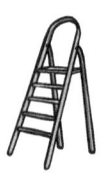

escadote

escalerilla

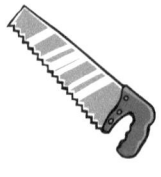

serra

serrucho

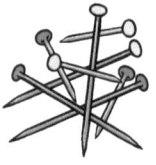

pregos

clavos

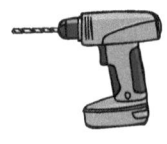

broca

taladro

reparar
reparar

pá
pala

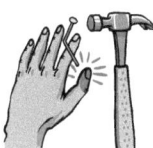

porcaria!
¡Maldición!

pá de lixo
recogedor

pote de tinta
lata de pintura

parafusos
tornillos

instrumentos musicais
instrumentos musicales

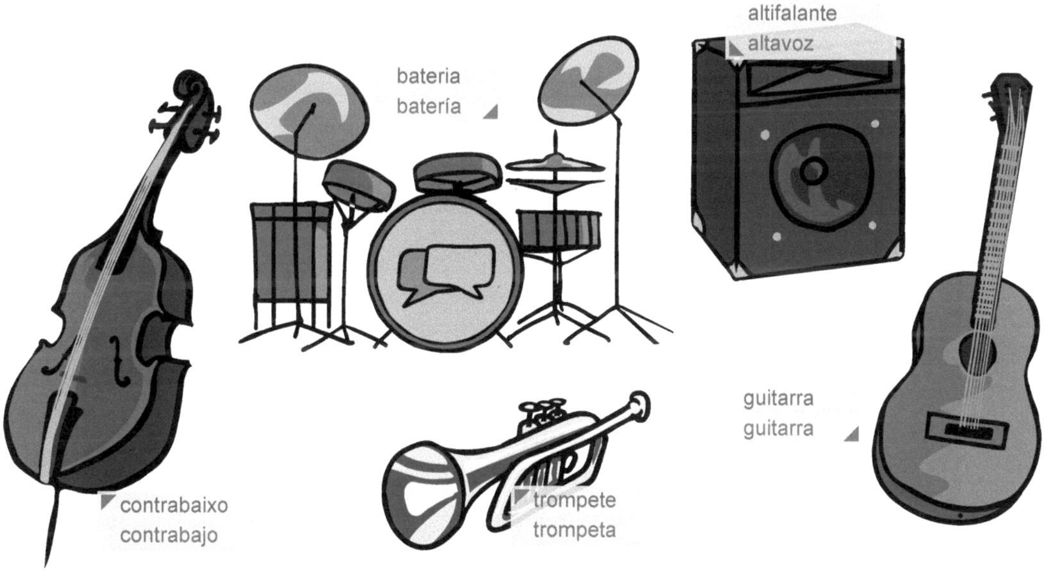

altifalante
altavoz

bateria
batería

guitarra
guitarra

contrabaixo
contrabajo

trompete
trompeta

piano
piano

violino
violín

baixo
bajo

timbales
timbales

tambor
tambor

teclado
teclado

saxofone
saxofón

flauta
flauta

microfone
micrófono

jardim zoológico
zoológico

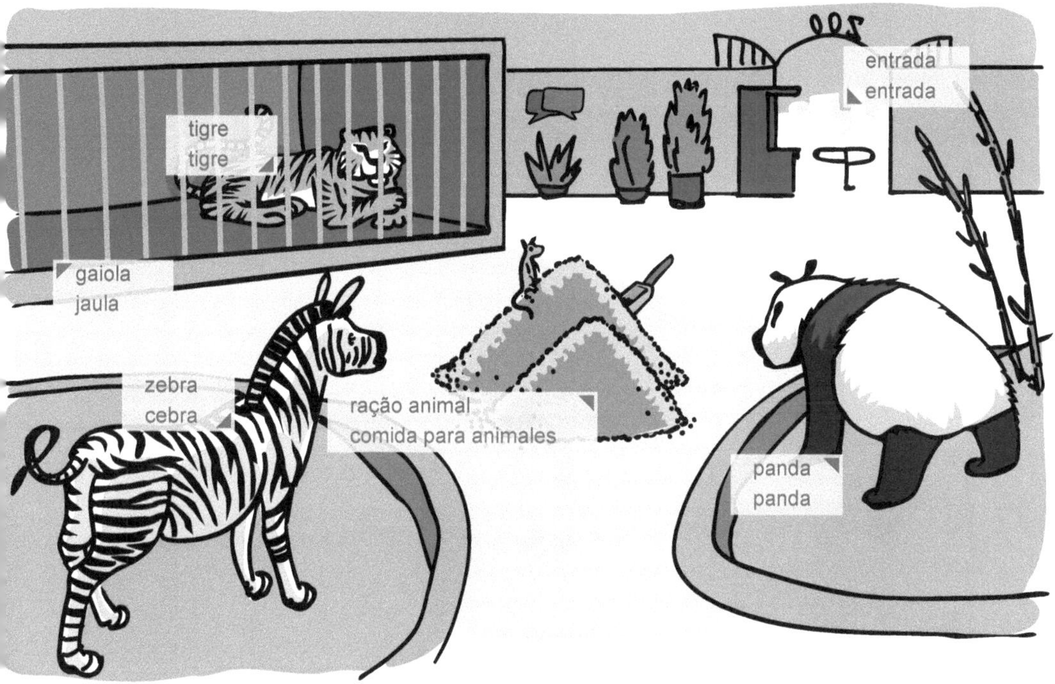

entrada
entrada
tigre
tigre
gaiola
jaula
zebra
cebra
ração animal
comida para animales
panda
panda

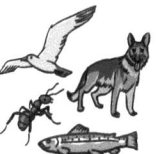

animais

animales

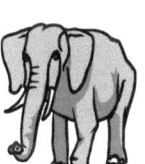

elefante

elefante

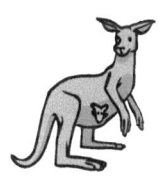

canguru

canguro

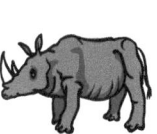

rinoceronte

rinoceronte

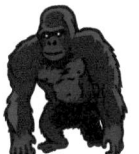

gorila

gorila

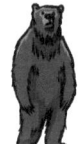

urso

oso

camelo
camello

avestruz
avestruz

leão
león

macaco
mono

flamingo
flamengo

papagaio
papagayo

urso polar
oso polar

pinguim
pingüino

tubarão
tiburón

pavão
pavo real

cobra
serpiente

crocodilo
cocodrilo

guarda do jardim zoológico
cuidador del zoológico

foca
foca

jaguar
jaguar

jardim zoológico - zoológico

pónei
pony

leopardo
leopardo

hipopótamo
hipopótamo

girafa
jirafa

águia
águila

javali
jabalí

peixe
pescado

tartaruga
tortuga

morsa
morsa

raposa
zorro

gazela
gacela

futebol americano
fútbol americano

ciclismo
ciclismo

ténis
tenis

basquetebol
baloncesto

natação
natación

boxe
boxeo

hóquei no gelo
hockey sobre hielo

futebol
fútbol

badminton
badminton

atletismo
atletismo

andebol
balonmano

esqui
esquí

polo
polo

atividades
actividades

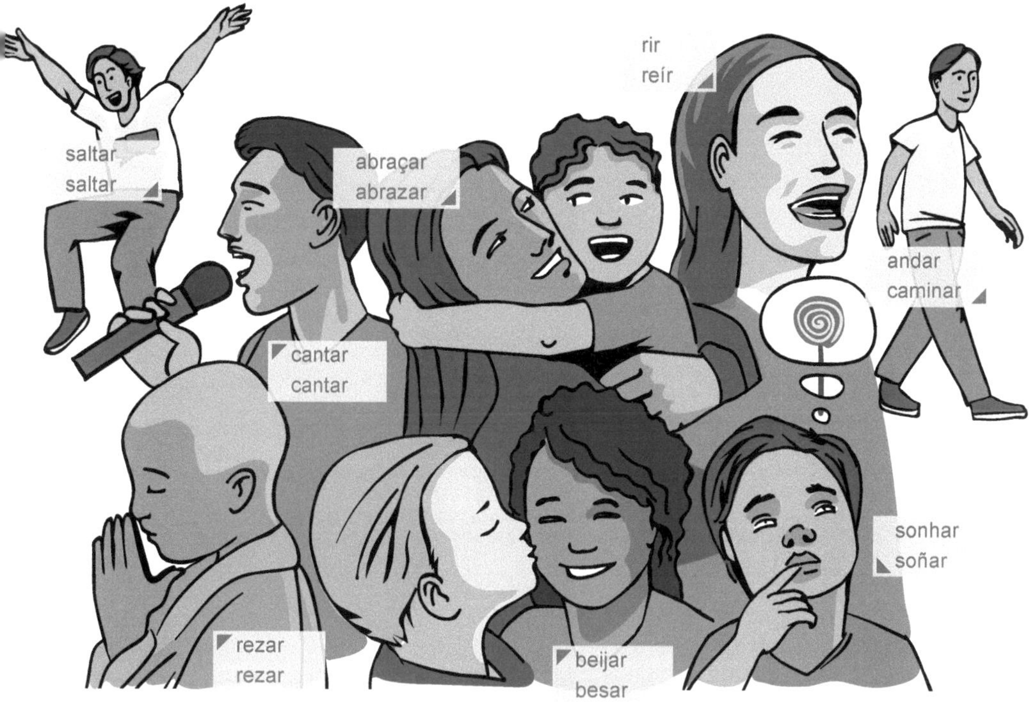
saltar
saltar
abraçar
abrazar
rir
reír
andar
caminar
cantar
cantar
sonhar
soñar
rezar
rezar
beijar
besar

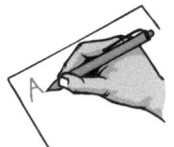

escrever
escribir

desenhar
dibujar

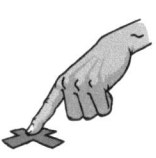

mostrar
mostrar

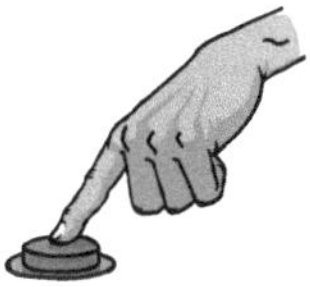

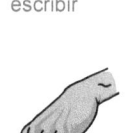

empurrar
presionar

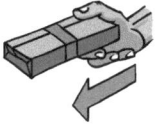

dar
dar

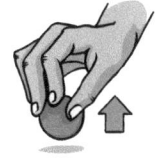

tomar
tomar

ter
....
tener

fazer
....
hacer

ser
....
ser

ficar de pé
....
estar de pie

correr
....
correr

puxar
....
tirar

remessar
....
arrojar

cair
....
caer

deitar
....
estar acostado

esperar
....
esperar

carregar
....
llevar

sentar
....
estar sentado

vestir
....
vestirse

dormir
....
dormir

acordar
....
despertar

olhar para

mirar

chorar

llorar

acariciar

acariciar

pentear

peinarse

falar

conversar

compreender

entender

perguntar

preguntar

ouvir

oír

beber

beber

comer

comer

arrumar

asear

amar

amar

cozinhar

cocinar

conduzir

conducir

voar

volar

velejar

navegar

calcular

calcular

ler

leer

aprender

aprender

trabalhar

trabajar

casar

casarse

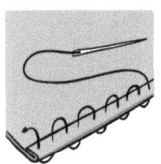

costurar

coser

escovar os dentes

limpiarse los dientes

matar

matar

fumar

fumar

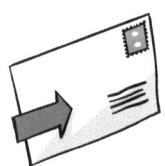

enviar

enviar

avó
abuela

avô
abuelo

pai
padre

mãe
madre

bebé
bebé

filha
hija

filho
hijo

convidado
invitado

tia
tía

tio
tío

irmão
hermano

irmã
hermana

corpo
cuerpo

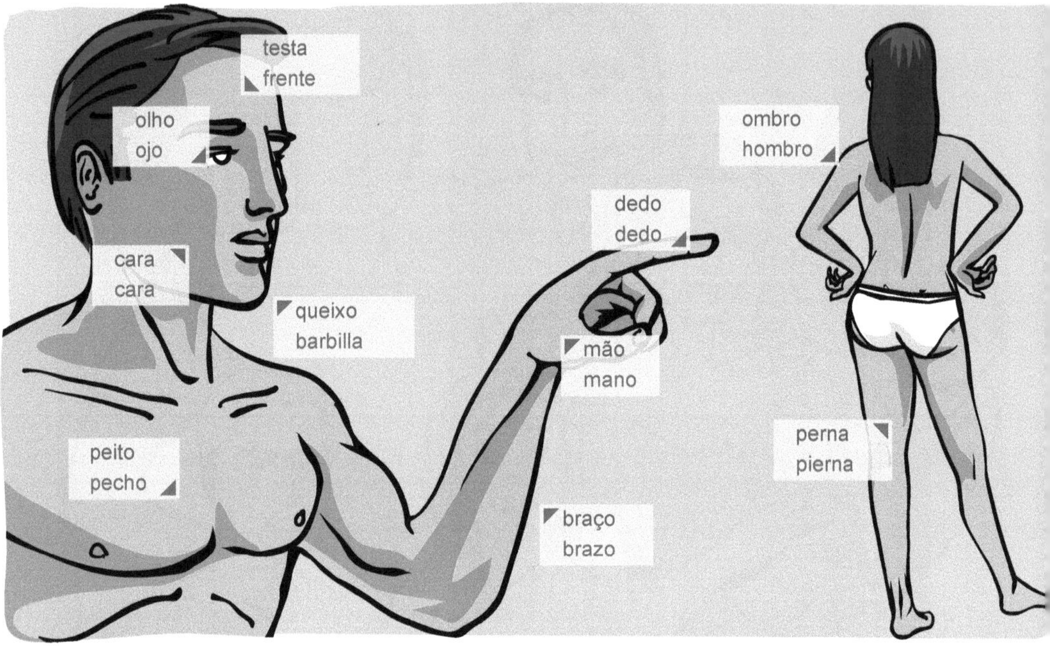
testa
frente
olho
ojo
ombro
hombro
dedo
dedo
cara
cara
queixo
barbilla
mão
mano
peito
pecho
perna
pierna
braço
brazo

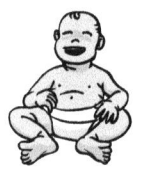

bebé

bebé

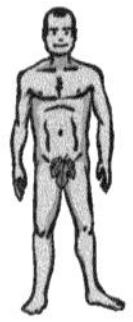
homem

hombre

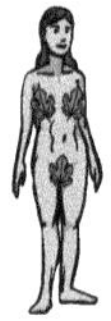
mulher

mujer

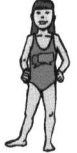

menina

muchacha

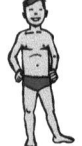

menino

joven

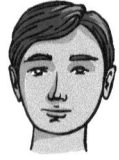

cabeça

cabeza

costas

espalda

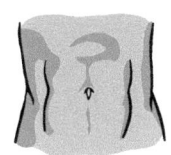

barriga

vientre

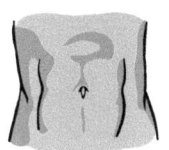

umbigo

ombligo

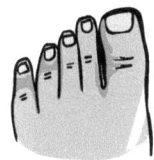

dedo do pé

dedo del pie

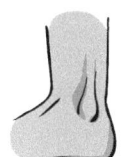

calcanhar

talón

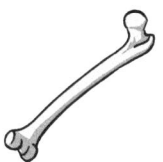

osso

hueso

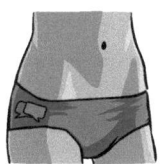

anca

cadera

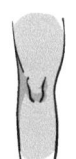

joelho

rodilla

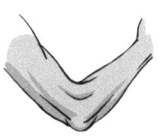

cotovelo

codo

nariz

nariz

nádegas

trasero

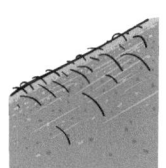

pele

piel

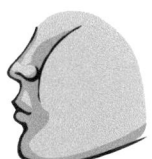

bochecha

mejilla

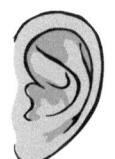

orelha

oreja

lábio

labio

corpo - cuerpo

boca
boca

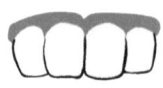

dente
diente

língua
lengua

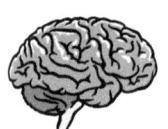

cérebro
cerebro

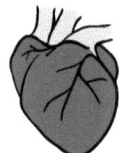

coração
corazón

músculo
músculo

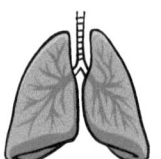

pulmão
pulmón

fígado
hígado

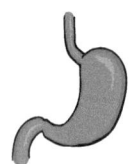

estômago
estómago

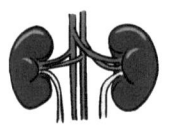

rins
riñones

relações sexuais
relación sexual

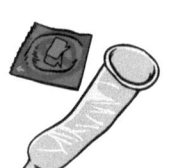

preservativo
condón

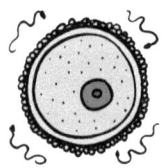

óvulo
Óvulo

esperma
esperma

gravidez
embarazo

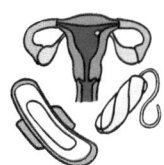

menstruação

menstruación

vagina

vagina

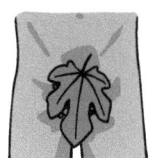

pénis

pene

sobrancelha

ceja

cabelo

cabello

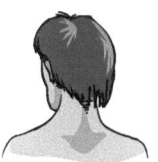

pescoço

cuello

hospital
hospital

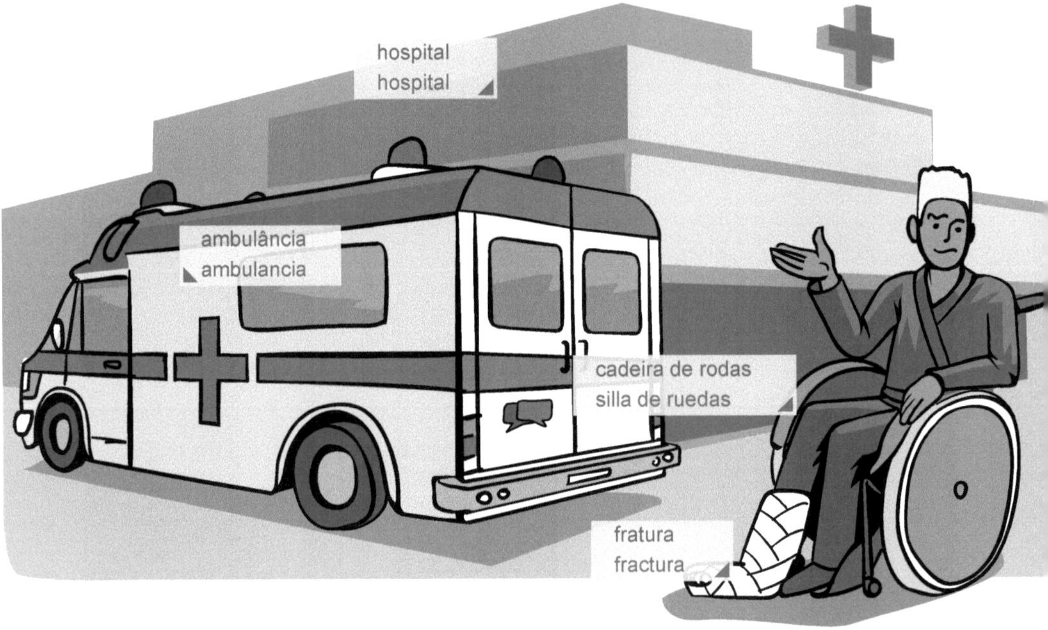

hospital
hospital
ambulância
ambulancia
cadeira de rodas
silla de ruedas
fratura
fractura

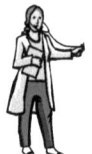

médico
médico

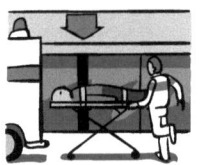

serviço de urgências
admisión de urgencia

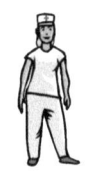

enfermeira
enfermera

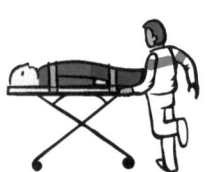

emergência
emergencia

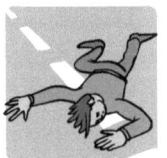

inconsciente
inconsciente

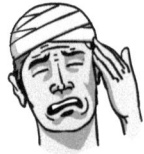

dor
dolor

ferimento

lesión

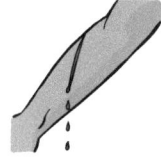

hemorragia

hemorragia

ataque cardíaco

infarto de miocardio

acidente vascular cerebral

apoplejía cerebral

alergia

alergia

tosse

tos

febre

fiebre

gripe

gripe

diarreia

diarrea

dor de cabeça

dolor de cabeza

cancro

cáncer

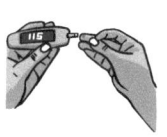

diabetes

diabetes

cirurgião

cirujano

bisturi

escalpelo

operação

operación

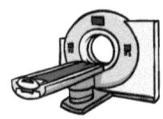

CT
TC

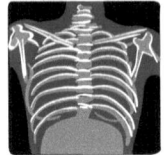

raio x
rayos X

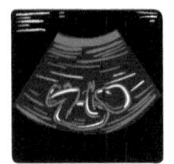

ultrassom
ultrasonido

máscara
máscara

doença
enfermedad

sala de espera
sala de espera

muleta
muleta

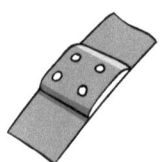

penso rápido
emplasto

ligadura
vendaje

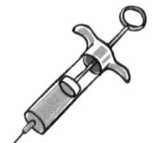

injeção
inyección

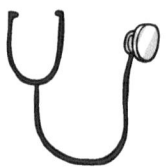

estetoscópio
estetoscopio

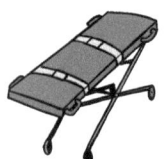

maca
camilla

termómetro
termómetro

nascimento
nacimiento

excesso de peso
sobrepeso

aparelho auditivo

audífono

desinfetante

desinfectante

infeção

infección

vírus

virus

HIV / SIDA

VIH / SIDA

medicamento

medicina

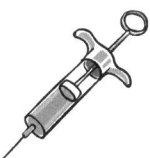

vacinação

vacunación

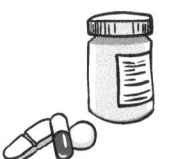

comprimidos

comprimido

pílula

píldora anticonceptiva

chamada de emergência

llamada de emergencia

dispositivo de medição de
pressão arterial

medidor de presión arterial

doente / saudável

enfermo / saludable

Socorro!

¡Ayuda!

alarme

alarma

assalto

asalto

ataque

ataque

perigo

peligro

saída de emergência

salida de emergencia

Fogo!

¡Fuego!

extintor de incêndios

extintor

acidente

accidente

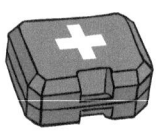

estojo de primeiros socorros

kit de primeros auxilios

SOS

SOS

polícia

Policía

Europa

Europa

América do Norte

América del Norte

América do Sul

América del Sur

África

África

Ásia

Asia

Austrália

Australia

Atlântico

Atlántico

Pacífico

Pacífico

Oceano Índico

Océano Índico

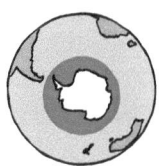

Oceano Antártico

Océano Antártico

Oceano Ártico

Océano Ártico

Polo Norte

Polo Norte

Polo Sul
Polo Sur

Antártica
Antártida

terra
Tierra

país
país

mar
mar

ilha
isla

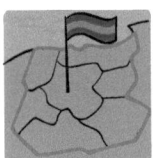

nação
nación

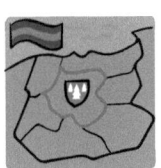

estado
Estado

mostrador do relógio

cuadrante

ponteiro das horas

horario

ponteiro dos minutos

minutero

ponteiro dos segundos

segundero

Que horas são?

¿Qué hora es?

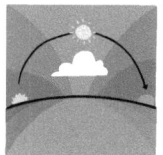

dia

día

tempo

tiempo

agora

ahora

relógio digital

reloj digital

minuto

minuto

hora

hora

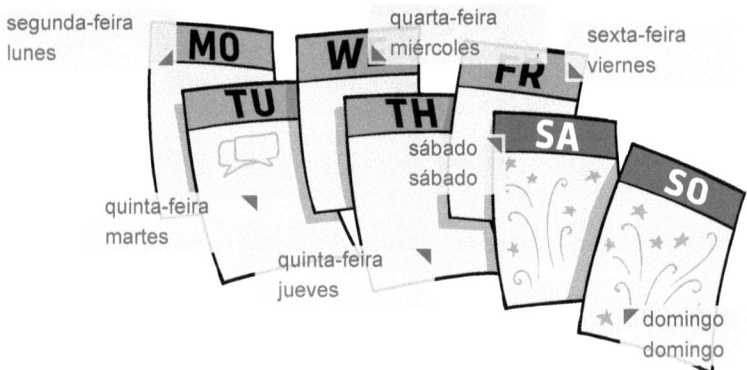

segunda-feira
lunes

quarta-feira
miércoles

sexta-feira
viernes

quinta-feira
martes

sábado
sábado

quinta-feira
jueves

domingo
domingo

ontem

ayer

hoje

hoy

amanhã

mañana

manhã

mañana

meio-dia

mediodía

entardecer

tarde

dias úteis

jornada de trabajo

fim de semana

fin de semana

ano
año

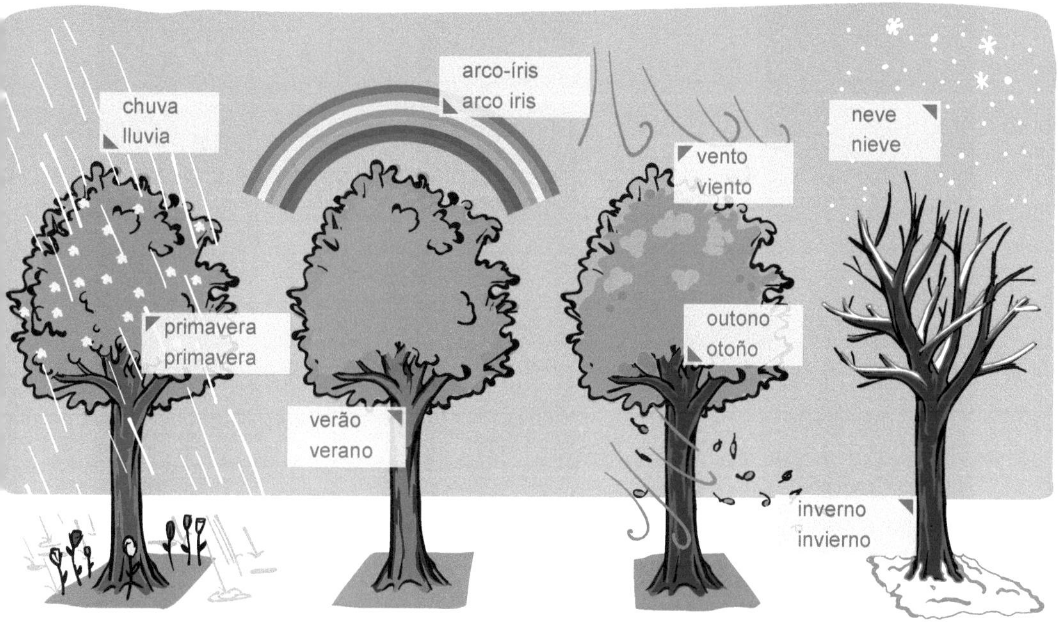

chuva
lluvia
arco-íris
arco iris
vento
viento
neve
nieve
primavera
primavera
verão
verano
outono
otoño
inverno
invierno

4.APRIL 11°
5.APRIL 4°
6.APRIL 13°
7.APRIL 8°
8.APRIL 10°

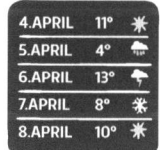

previsão do tempo

pronóstico meteorológico

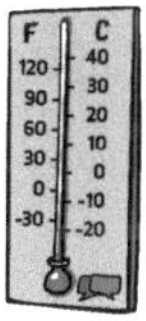

F C
120 40
90 30
60 20
30 10
0 0
-30 -10
-20

termómetro

termómetro

raios de sol

luz solar

nuvem

nube

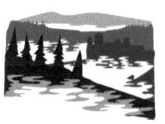

neblina / nevoeiro

niebla

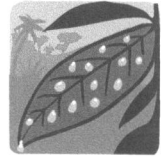

humidade do ar

humedad ambiente

relâmpago

relámpago

trovão

trueno

tempestade

tormenta

granizo

granizo

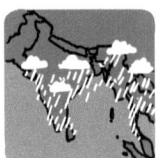

monção

monzón

inundação

inundación

gelo

hielo

janeiro

enero

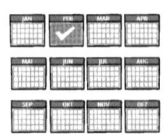

fevereiro

febrero

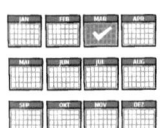

março

marzo

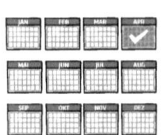

abril

abril

maio

mayo

junho

junio

julho

julio

agosto

agosto

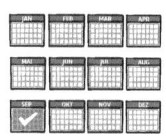

setembro
....
septiembre

outubro
....
octubre

novembro
....
noviembre

dezembro
....
diciembre

formas

formas

círculo
....
círculo

quadrado
....
cuadrado

retângulo
....
rectángulo

triângulo
....
triángulo

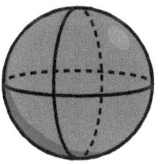

esfera
....
esfera

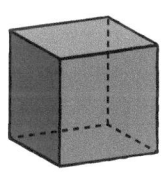

cubo
....
cubo

branco

blanco

amarelo

amarillo

laranja

anaranjado

rosa

rosa

vermelho

rojo

lilás

lila

azul

azul

verde

verde

castanho

marrón

cinzento

gris

preto

negro

muito / pouco
mucho / poco

furioso / calmo
enojado / calmado

lindo / feio
bonito / feo

princípio / fim
comienzo / fin

grande / pequeno
grande / pequeño

claro / escuro
claro / oscuro

irmão / irmã
hermano / hermana

limpo / sujo
limpio / sucio

completo / incompleto
completo / incompleto

dia / noite
día / noche

morto / vivo
muerto / vivo

largo / estreito
ancho / angosto

comestível / não comestível

disfrutable / no disfrutable

mau / gentil

malo / amigable

entusiasmado / entediado

excitado / aburrido

gordo / magro

gordo / delgado

primeiro / último

primero / último

amigo / inimigo

amigo / enemigo

cheio / vazio

lleno / vacío

duro / macio

duro / suave

pesado / leve

pesado / liviano

fome / sede

hambre / sed

doente / saudável

enfermo / saludable

ilegal / legal

ilegal / legal

inteligente / burro

inteligente / tonto

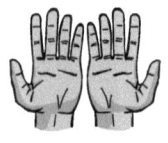

esquerda / direita

izquierda / derecha

perto / longe

cercano / lejano

novo / usado

nuevo / usado

nada / algo

nada / algo

velho / jovem

viejo / joven

ligado / desligado

encendido / apagado

aberto / fechado

abierto / cerrado

baixo / alto

bajo / fuerte

rico / pobre

rico / pobre

certo / errado

correcto / incorrecto

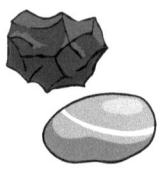

áspero / liso

áspero / liso

triste / feliz

triste / alegre

curto / longo

breve / extenso

lento / rápido

lento / veloz

molhado / seco

mojado / seco

ameno / fresco

caliente / frío

guerra / paz

guerra / paz

0

zero

cero

1

um

uno

2

dois

dos

3

três

tres

4

quatro

cuatro

5

cinco

cinco

6

seis

seis

7

sete

siete

8

oito

ocho

9

nove

nueve

10

dez

diez

11

onze

once

12

doze

doce

13

treze

trece

14

catorze

catorce

15

quinze

quince

16

dezasseis

dieciséis

17

dezassete

diecisiete

18

dezoito

dieciocho

19

dezanove

diecinueve

20

vinte

veinte

100

cem

cien

1.000

mil

mil

1.000.000

milhão

millón

números - números

idiomas

inglês
inglés

inglês americano
inglés estadounidense

chinês mandarim
chino mandarín

hindi
hindi

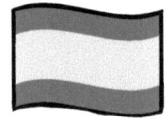

espanhol
español

francês
francés

árabe
árabe

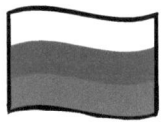

russo
ruso

português
portugués

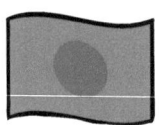

bengalês
bengalí

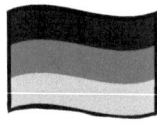

alemão
alemán

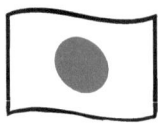

japonês
japonés

eu
yo

tu
tú

ele / ela
él / ella

nós
nosotros

vós
vosotros

eles / elas
ellos

quem?
¿quién?

o quê?
¿qué?

como?
¿cómo?

onde?
¿dónde?

quando?
¿cuándo?

nome
nombre

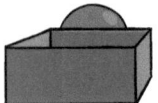

atrás
·············
detrás

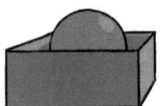

em
·············
en

à frente de
·············
delante de

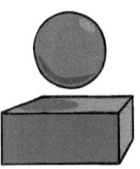

sobre
·············
encima de

em cima
·············
sobre

debaixo
·············
debajo de

ao lado
·············
junto a

entre
·············
entre

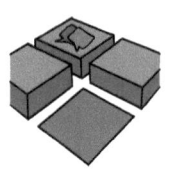

lugar
·············
lugar